7 ans dans la jungle
De l'Himalaya

Par Sangam Giri

Introduction

Avec mes remerciements pour mon maître spirituel qui fait partie de la communauté religieuse international « Sri Panchdasnaam Juna Akhada » et tous ceux qui m'ont inspiré, ma mère qui a accepté mon style de vie, mes amis qui m'ont soutenu.

Ce récit n'est pas fait dans le but d'obtenir un prix littéraire car ayant vécu de nombreuses années en Inde, là où je ne pouvais parler que l'hindi, j'avais perdu petit à petit les subtilités de la langue française voire même beaucoup de vocabulaire. J'avais d'ailleurs rencontré quelqu'un pour qui c'était le contraire, il avait oublié une partie de l'hindi étant parti vivre en Australie.

Ceci pour vous expliquer la difficulté supplémentaire pour moi à mettre cette histoire par écrit en français.

En fait, ce récit est fait pour apporter un message de courage à toutes les femmes qui se sentent diminuées, inférieures par rapport au patriarcat. Il ne s'agit pas du tout, de faire une guerre de sexe. Pour moi l'homme et la femme sont égaux ou, en tout cas, devraient l'être. Mais il s'agit bien de montrer au monde, si possible, qu'avec de la détermination et du courage rien n'est impossible. Pour une femme française, vivre seule dans la jungle de l'Himalaya et renoncer au Monde ont été deux aventures audacieuses. Vivre seule dans la jungle quand tout le monde essaye de vous en empêcher pour des raisons de sécurité, justifiées, de nos jours où les léopards rôdent de plus en plus dans les villages la nuit. Aussi, choisir d'y vivre alors qu'il y a une chambre avec tout le confort disponible pour toi dans une grande ville et que là-bas tu n'as presque rien à faire, c'est culoter. Et renoncer au Monde alors que la tendance va de plus en plus à la jouissance de la vie matérielle était le plus gros défi. Je me suis payée le luxe de relever et réussir les deux défis. Dans le chemin du Yoga pour atteindre le stade final c'est incontournable de tout lâcher et vivre en isolement comme un ermite.

Il y est question de ma quête de découverte des trésors cachés dans le subconscient, de partir en aventure pour connaître les limites du corps humain, le pouvoir des « mantras », la richesse incontestable de la vie spirituelle. La découverte de l'âme, la paix et le bonheur infini. Il y est question de ma journée spirituelle. Il y est question de la vie d'une femme attachée à la philosophie hindoue qui fait partie de la communauté des Nagas Sanyasins.

Et il y est question, d'une femme, votre serviteur, qui a vécu seule, en retrait d'un kilomètre de tout village, dans un endroit isolé où tout autour c'est la jungle puis les montagnes qui font partie de la chaîne de l'Himalaya. Ceci pendant 7 ans, en tout.

On est en 2013, fin novembre, je me décide à aller à Allahabad, en Inde du Nord. Je souhaite participer, pour le moins, au grand rassemblement que l'on appelle « Maha Kumbh » à Prayag. Rassemblement qui se tient tous les 12 ans pour la période la plus auspicieuse et complète.

Il y a plus de 35 km de terrain pour accueillir toutes les communautés religieuses hindoues du pays. Dans ces communautés, il y a des gens du monde entier et de toute religion. Cela s'explique par le fait que l'hindouisme est à l'origine une philosophie plus qu'une religion et que donc elle reste accessible à tous et tolérante envers tous. Il n'y a que certains orthodoxes qui la ferment aux basses castes et non hindous.

J'ai choisi de rejoindre celle dont je fais partie non officiellement depuis deux ans déjà. Le trajet depuis Haridwar avait été aventureux et insolite. Dans le train, en classe couchette, en pleine nuit, le gosse que la mère essayait de calmer venait de m'uriner dessus. Ils occupaient la couchette juste au-dessus de la mienne. Le fait de leur signaler l'incident ne changerait rien pour moi mais je me dis qu'à l'avenir ils feront peut-être attention aux voisins de voyage. Le pauvre gosse il avait fait pipi dans sa culotte et l'urine avait dégoulinée dans mon dos. Du coup, j'avais froid avec l'air qui rentrait par les fenêtres cassées. Et puis on est fin décembre.

J'ai souvent été un peu comme le personnage « Gaston Lagaffe » où victime de ce genre de scène. Il ne me restait qu'à supporter le froid car on était en hiver, je n'avais pas pris de couverture mais j'avais un châle.Les trains indiens en seconde et troisième classe ont toujours des fenêtres défectueusement ouvertes. Heureusement une heure et demie plus tard, on arrive.

C'est le matin, il n'est même pas 5h. J'arrive à l'endroit où va avoir lieu cette grande fête qui durera 3 bons mois. J'y suis allée dans le but d'être initiée officiellement et renoncer au Monde. Grâce au maître spirituel que j'ai eu dans le Sud de l'Inde, j'ai été inspiré et bénite pour cela. Je l'ai rencontré en 2008. Il s'appelle Swami Vamanashram, disciple de Sri Maha Swami Jagadguru Bharati Theertham de Sringeri Math, dans le Karnataka. Cette lignée est non seulement très traditionnelle mais aussi assez orthodoxe. A l'origine, ils n'acceptent ni les non hindous, ni les étrangers mais si on montre de la dévotion et la soif d'apprendre ; on est accepté. Enfin chez eux je suis la seule, question de karma sûrement.

Et puis, il y a le système des castes avec, à la tête, les prêtres et tous ceux qui ont étudiés les saintes écritures et le sanskrit. Ensuite il y a ceux qui ont pour devoir de protéger, soigner, organiser dans la société. Puis il y a ceux qui font les échanges commerciaux, s'occupent des finances, du développement commercial et technique du pays. Enfin il y a ceux qui servent les prêtres et tous les autres, ils sont aussi paysans.

Les gens qui n'appartiennent pas à ces 4 classes principales sont les intouchables ou hors castes. Je fais juste un bref rappel sur le système traditionnel de la société indienne. En 2024, ce système des castes est très différent mais reste en place dans le principe. Les hors castes sont plus intégrés. En Inde, la notion de pureté et du sacré sont très forts. La pureté occupe une grande place dans les esprits d'où la dévotion et les nombreux rituels. On appelle l'Inde le pays des Dieux (et Déesses, bien évidemment). Le fait d'avoir été, moi-même, accepté par les gens de hautes castes, les gens orthodoxes même, m'avait rendu fière, un peu trop d'ailleurs. J'avoue que j'ai eu beaucoup d'occasions d'être très fière dans ma vie et cette fierté alimentée, non seulement, par l'autosatisfaction mais aussi les compliments me rendaient un peu hautaine parfois et ceci est un défaut. Il est même dit que tout ce qui se rapporte à notre ego, du point de vue spirituel, est à travailler pour le diminuer le plus possible car Mahadev, Shiva, le Dieu des Dieux chez les Hindous n'aime pas les égos surdimensionnés. Je pense qu'il en est de même pour toutes les religions, par principe, par logique. Cette vue naïve peut surprendre mais il ne s'agit pas seulement de Mahadev. Dieu, en général, dans tous les pays, toutes les cultures, toutes les langues, n'aime pas les égos importants. Être humble est une grande qualité. Les gens trop fiers et hautains sont souvent insupportables. Toutes les histoires religieuses en parlent, pas seulement les écritures saintes.

La première fois que j'ai vécu dans un ashram, on me faisait remarquer mon égo parfois et aussi mon autorité, mon lunatisme mais, par contre, tout le monde appréciait et admirait mon enclin au travail même ardu. A tel point que le prêtre principal m'avait donné le nom de « Gaja » qui veut dire éléphant.

Je me souviens avoir eu cet élan hyperactif de participer à toutes les activités. Quelques fois, j'étais même la seule car dans le sud de l'Inde, il fait très chaud. C'est mon premier maître spirituel et toutes mes actions dans le bon sens, à l'époque, qui m'ont permis d'être accepté pour participer et même être initiée en tant que « Sadhu » dans la communauté Sri Panchdasnaam Juna Akhara, communément appelé et très connu sous le nom Juna Akhara. C'est la plus grosse communauté de saints, saddhus, yogis, de toute l'Inde. Elle ne compte pas moins de 500 000 membres. Au départ, il y a plus de 1000 ans, il y avait très peu de femme et aujourd'hui il y en a de plus en plus. Avec les femmes qui se battent dans le Monde entier pour avoir leur place partout, cette communauté les accepte aussi. Les saddhus qui font partis de Juna Akhara sontdes nagas sanyasins, ce qui veut dire des saints vivant nus recouvert de cendre et pouvant se battre pour défendre le Sanatan Dharma et éventuellement les temples en cas de guerre. Dans un langage familier on les appelle l'armée de Shiva. Certains savent se battre, certains ont des pouvoirs psychiques importants, certains sont très éduqués dans les écritures et tous vouent une dévotion immense voir extrême à Shiva sous toutes ses formes.

Ayant, moi-même, cette dévotion par ma pratique de la méditation et ayant décidé de consacrer le reste de ma vie à la servir, je me retrouve à la Maha Kumbha de 2013 à Allahabad en Inde du Nord. J'y ai vécu 2 bons mois dans une tente équipée avec les autres femmes sadhus et quelques dévots servantes. Certaines sont népalaises, la plupart sont indiennes. Il y a aussi 4 autres étrangères comme moi. Cette année-là, 2013, les étrangers n'étaient pas les bienvenus pour rester dans les camps et être initier. D'un côté il y a la faiblesse des sens non contrôlés de certains sadhus mâles qui ont fait tous vœux de célibat et d'un autre côté, la beauté et la liberté des étrangers.

Parfois, il y a un choc de culture. Je comprends très bien ce fait.

Pour préserver le célibat et aider ceux qui le sont à observer leur pratique religieuse il faut établir des règles de conduite. Les fidèles apprennent à les connaître, les disciples aussi. Pour acquérir des pouvoirs psychiques, par pénitence, il est nécessaire d'être éloigné des tentations. Il est aussi nécessaire d'être isolé pendant quelques temps. Cela va d'un jour par semaine à plusieurs années. Tout dépend du but à atteindre.

En même temps, cela ne veut pas dire que les étrangers sont tous des gens très ouverts et facilement ouvert sur les relations sexuelles. Je connais beaucoup d'indiens qui le sont et des étrangers qui ne le sont pas. Toujours est-il que je suis acceptée officiellement. Je suis initiée et heureuse de l'être. Je ne peux pas décrire la cérémonie qui doit être tenue secrète avec néanmoins un ou deux témoins. Elle est suivie, quelques jours après, par 24h de rituel au bord de la rivière du Gange ou là, en l'occurrence, au confluent du Gange, de Yamuna et de la rivière mystique Saraswati. Cela commence vers 5h le matin du premier jour, rasage de tous les poils du corps après la douche, on est habillé d'un linceul léger en coton blanc. On se prépare pour notre renaissance dans une vie pure. Un prêtre vient faire tous les rituels. On est sensé faire un jeun de 24h et rester à supporter le chaud, la brûlure du soleil et le froid de la nuit. On est en janvier, c'est l'hiver. On nous apporte néanmoins à boire et à manger mais les plus forts dont je faisais partie ne mange pas et ne boive pas. Ce rituel est un test pour voir notre résistance et notre force en même temps que mesurer notre dévotion à Mahadev, Shiva, qui est, entre autres, le Dieu de tous les Yogis et de ce fait ne mange pas et ne boit pas sauf quand on lui offre de bon cœur quelque chose à manger et à boire. Touché par le cœur de ces dévots il mangera et boira quelque chose. Sinon par respect aussi pour ses pratiques on ne lui donne pas à manger ni à boire. La relation à Mahadev est la plus intense et riche en apprentissage qui soit. C'est la relation que tous les Yogis ont avec lui le Maître des Yogis.

Avoir un maître spirituel et le servir selon la tradition nous apprend justement à oublier notre propre ego et à s'en remettre entièrement à lui ou elle. Selon notre communauté hindoue très particulièrement, nous ne sommes plus vraiment hommes et femmes mais des yogis donc des âmes. Le but de toute recherche spirituelle est justement de découvrir notre vrai moi et ce vrai moi c'est l'âme en nous. Mais ce n'est rien de le lire dans les livres, de l'entendre de la bouche de quelqu'un. Il faut aller la découvrir et l'explorer. Notre corps nous sert à faire toutes les actions nécessaires pour évoluer et obtenir un bon karma jusqu'à être libre entièrement et ne plus avoir à renaître.

L'initiation secrète a eu lieu avec témoins. Ce n'est pas rien. Il s'agit de la transmission de pouvoirs qui si on est réceptif et, au moins, d'avoir le chemin et le but le plus élevé spirituellement éclairé. C'est la connexion avec toute la lignée des descendants et du maître spirituel. Quel que soit la relation physique et morale avec le maître spirituel, ce lien ne peut être coupé sauf   s'ils sont faux depuis le départ. Dans ce cas Dieu, lui-même, les séparera en temps voulu. Dans le siècle actuel, l'ère actuel, il est possible que les relations maître/disciple soient fausses, comme un intérêt financier ou un désir de devenir célèbre. Mais il arrive aussi que derrière ce lien superficiel se cache autre chose comme une connexion karmique et que cela sera révélé aux deux en temps voulu. De toute façon tout est la volonté de Dieu. C'est une réalité que même les plus optimistes d'entre nous ne peuvent nier : la pollution, la corruption sont des fléaux dont le monde entier doit pâtir. L'avancée technologique, de communication, médicale etc. ne va pas sans besoin financier. L'homme a des exigences de confort de plus en plus importantes. Les raisons qui font que l'on coure de plus en plus après l'argent sont nombreuses.

Les guerres n'arrangent rien, au contraire. En même temps, paradoxalement, en raison, en fait, du stress engendré par la vie moderne du XXIème siècle, il y a un intérêt et une demande de plus en plus importante du côté du Yoga ou n'importe quelledémarche spirituelle.

Il est dit aussi, qu'une personne qui a l'impression d'avoir tout vu, tout vécu, qui a de moins en moins d'intérêts dans la vie matérielle et qui se pose les bonnes questions, se tournera vers la spiritualité pour les trouver. Il y a des techniques pour purifier son intelligence donc « booster » son esprit afin d'en tirer le meilleur pour avancer dans ses objectifs.

Pour toutes ces raisons et d'autres, je commence ma vie de Naga Saddhu. Notre communauté est la plus ancienne. Elle est très traditionnelle. A la base, elle a été créée par Adi Shankar Acharya pour préserver le Sanatan Dharma. En clair, il s'agit de protéger la communauté des saints, yogis, Nagas Saddhus, les écrits et les temples hindoues en cas d'invasion. C'est pour cette raison qu'il y a beaucoup de « guerriers » dans cette communauté. Pour la citer, il s'agit de la fameuse Sri Panch Dasnaam Juna Akhara dont le siège administratif est à Varanasi.

Nous sommes début février lorsque je suis officiellement reconnu comme Naga Sanyasin dans cette communauté.

A la fin de ce grand rassemblement à Allahabad. Je pars pour Haridwar avec celle qui m'a initié et son maître. Je décide de les suivre et de les servir, selon la coutume, pendant quelque temps. Cela permet de diminuer notre ego. Au service de son maître spirituel on est dépendant de lui. Je peux vous assurer que pour une étrangère, qui plus est une française, cet exercice n'était pas facile. Non pas que je ne sais pas cuisiner ou servir les repas ou laver le linge ou repasser ou nettoyer la maison, non, j'y ai été habitué très tôt dans ma vie de jeune femme. C'est plutôt qu'il fallait que je supporte le fait de ne pas comprendre sa langue maternelle, le punjabi. Il fallait aussi que je m'adapte à une façon de vivre qui n'était pas la mienne. Non pas la différence entre l'Inde et la France. Non, il fallait que je m'habitue à la télévision. J'ai passé des années, en France, sans télévision car je n'en ai pas grand intérêt. Je préfère les contacts sociaux, lire, les activités sportives, les activités artistiques et les balades.

Selon la tradition, dans ma communauté, après l'initiation complète et avoir servi son maître quelques temps, on va dans la jungle ou un endroit isolé. On embrasse une vie d'Hermite et on fait pénitence pendant 12 ans, au moins.

En se retirant dans la jungle, on est livré à soi-même sur un plan terrestre mais à Dieu sur un plan non matériel. Ce qui permet de diminuer grandement notre ego, d'acquérir beaucoup de force et de tranquillité face à toute situation. Ma première épreuve consiste à supporter et accepter de vivre sans électricité souvent, sans eau chaude et avec le bruit de la jungle la nuit. Il faut reconnaître les bruits. Savoir quels animaux vit à proximité le jour et ceux qui y vivent la nuit et leur mode de communication. Il faut apprendre à vivre avec les animaux utiles et nuisibles, les deux. L'idéal est de faire ami avec tous, ou du moins de ne pas avoir peur des nuisibles. Vaincre ses peurs fait partie du processus.Cela permet de mesurer la force de sa dévotion à Dieu et sa croyance qu'il va nous protéger.

Il n'y a personne d'autre. Les villageois sont à 600m pour les plus proches et en cas d'urgence, les chemins à prendre ne sont pas droits. La nuit il y a le risque de croiser la route d'un léopard affamé.

Etant née à la campagne et proche de la nature depuis ma plus tendre enfance, je connais, bien sûr, certains oiseaux, les renards, les sangliers, les insectes mais là-bas il y a aussi des petits scorpions, des grosses araignées venimeuses, des cobras, des léopards et pleins de petites chenilles qui donnent de l'urticaire ainsi que des frelons très gros dont la piqûre peut tuer. Il y a aussi des chats sauvages, beaucoup de singes et des chiens turbulents. Le danger avec les chiens ne vient que du fait qu'ils peuvent vous faire tomber si vous êtes sur leur passage quand ils courent ensemble. Le plus gros danger vient des léopards la nuit, des morsures de singes si vous leur faite peur ou vous les énerver, la piqûre des serpents cachés sur votre chemin.

A côté de cela, il y a les difficultés du climat dans les Himalayas, jusqu'à -5°C la nuit et le matin en hiver, 20°C dans la journée et 45°C la journée en été, 25° C la nuit. Il y a des tempêtes violentes au printemps et en automneainsi que des pluies diluviennes pendant la mousson.

La vie de Saddhu est la vie la plus heureuse qui soit quand on est vraiment connecté à Dieu. Lorsqu'on lui remet chacun de ses problèmes on a toujours une réponse en accord avec nos réels besoins.

Beaucoup de gens sont à la recherche d'un maître spirituel pour être guider et ont du mal à en trouver un. Un grand Saint qui m'a énormément inspiré, Sri Ramakrishna Paramahansa disait que lorsque l'étudiant est prêt à rencontrer son maître, Dieu, lui-même, le mettra sur son chemin et il n'aura jamais besoin d'en chercher un. De la même façon, l'Hermite sera protégé sans chercher d'aide extérieure. Il sera guidé de l'intérieur.

Il est plus difficile d'être tranquille, assis dans un endroit en communion avec Dieu que de parcourir le Monde, rechercher des relations sexuelles, et courir après l'argent.Néanmoins, le résultat en vaut la chandelle, comme on dit. Ce résultat n'est dû qu'à nos propres efforts et notre détermination. Le maître spirituel va donner le chemin à suivre mais suivre ce chemin c'est l'action uniquement de l'élève. Plus la connexion avec Dieu est forte moins il y aura de difficultés. Le climat ne changera pas, la faune et la flore non plus, mais on peut atteindre cet état de béatitude et d'unité avec notre environnement. Du moins trouver une harmonie avec tout y compris les autres humains que nous côtoyons.

Le but final dans la voie spirituelle étant la libération du Karma, la fin du cycle des vies et morts, l'aboutissement est long, pleins de tests et d'efforts personnels. Par contre, pour les gens qui doutent de cette possibilité, qui ne la cherche pas et se moque des gens qui y croient et y travaille, ce n'est juste pas possible du tout. La preuve que c'est possible est le témoignage de la vie de Gautam Buddha qui était un prince, qui a vécu réellement sur Terre il y a plusieurs siècles. La vie de Jésus est un autre exemple. La vie de Krishna également, pour ne citer qu'eux. Je ne parle pas pour les musulmans car cette religion me paraît très compliquée surtout par l'interprétation et la pratique qu'en font la plupart. Certains Sufis sont dans le vrai. Toute religion mérite une étude approfondie pour la comprendre. Pratiquer aveuglément sans guidance c'est comme faire un sport de compétition sans entraîneur.

Si selon la tradition dans ma communauté le chemin indiqué est de vivre dans la jungle ou un endroit calme et isolé, c'est pour la concentration nécessaire surtout. Il n'y a que très peu de tentation matérielle, physique et mondaine.

Avant d'être fort, de pouvoir contrôler ses sens totalement et de ne faire qu'un avec l'énergie suprême et divine, il faut passer inévitablement par le renoncement au monde matériel et vivre loin des tourbillons de la société et de ses tentations. Une fois le but atteint, le chemin qui mène tout droit est accessible. Cette découverte n'a pas de prix et on prend conscience que plus rien ne peut empêcher l'évolution de l'être, la libération de l'âme, en temps voulu. En principe et en pratique, les tests les plus difficiles, en cours de route, sont une rencontre avec une âme sœur où la complicité est forte, ainsi que l'attirance. C'est un dilemme pour ceux qui ont renoncé le monde matériel et choisi le célibat mais il y a toujours une solution. Dans ce cas précis, la solution est que si la rencontre se fait, elle est souvent inévitable car c'est leur destin de se rencontrer, il faut laisser faire les choses et le Tantra peut aider les deux personnes à se libérer de leur karma sauf s'ils veulent devenir des amants éternels. Chaque expérience doit être vécue. Simplement il ne faut pas perdre de vue son but, surtout être honnête avec soi-même et Dieu.

La vie n'est pas compliquée à la base c'est une école. On obtient tout ce que l'on cherche par mérite. Selon la philosophie hindoue, toute bonne action et pensée positive apporte des fruits sucrés et juteux alors que toute mauvaise action et pensée négative apporte des fruits amers et périmés.

Sachant tout cela pour l'avoir appris, tout d'abord dans une école privée catholique puis la vie dans des ashrams avec des maîtres spirituels qui prêchent leur connaissance et aussi dans les livres, je pars de Haridwar d'abord avec une amie qui me fait visiter des endroits qui me plaisent beaucoup dans les moyens niveaux de l'Himalaya. Quelques mois plus tard, j'y retourne seule pour m'y installer.

Dans un premier temps, je reste à Bageshwar dans l'Uttarakhand. Il y a un ashram qui appartient à ma communauté juste à côté du temple principal Bagnath (shivling theerth). Cet endroit est considéré comme un lieu de pèlerinage comme dans tout l'Uttarakhand où il y a de très vieux temples dédiés à Shiva et les grands sages ainsi que leurs disciples se sont tous assis dans ces régions. Le niveau ésotérique est élevé mais diminue avec l'alcool de plus en plus consommé et les poulets que l'on mange aussi. Je rappelle à tous, que les grands sages et tous les yogis, à qui l'Univers doit la Connaissance, les textes sacrés préservés, la guidance et l'énergie, ne mangeaient que peu voire pas du tout pendant des mois. Quand ils mangeaient c'était des végétaux que l'on trouvait dans la nature, des fruits, des légumes, du lait et ils buvaient de l'eau de la rivière.

Encore une fois le Yoga n'est pas un sport où l'on mange pour alimenter ses muscles et dépenser ses calories. Le Yoga est une discipline spirituelle qui implique la dévotion, la propreté du corps de l'extérieur et de l'intérieur, la beauté de l'âme, la purification du cœur et de l'esprit ainsi que la libération des péchés, des mauvaises actions, des cycles vie/mort. Ma voie personnelle n'est pas que celle du Yoga. Ma dévotion me pousse à servir dans les temples comme le font les prêtres. A étudier des textes sacrés et répéter des mantras dont un plus que les autres.

L'endroit où je m'installe se situe à 1200m d'altitude environ dans un creux entre les montagnes, au bord de la rivière Gomtî et Chandra Bagha, rivières sacrées.

On est en décembre, au début du mois, en 2014. Un de mes frères spirituels m'accompagne dans un village à 5km de Bageshwar. On y va à pied. Lui, pieds nus comme tous les nagas sadhus, moi en Tongue. J'étais pieds nus de 2011 à mi 2014. A Allahabad, le maître spirituel que j'ai choisi parmi les femmes pour mon initiation, n'aime pas que les femmes marchent pieds nus. Elles aiment les pieds bien propre et entretenus. Elle fait partie de ces familles de Brahman (prêtres) qui sont attachées à l'apparence en public. Elle n'est pas dans l'esprit pure renoncement mais il faut dire que cela n'est pas possible pour tout le monde. Le mode de vie des sadhus est très spécial. Elle estime que les femmes n'ont pas besoin de faire tout ça. C'est officiellement ma supérieure mais on n'est pas d'accord sur ce point de vue. Il y a beaucoup de femmes sadhus qui n'attachent pas d'importance au corps, à l'apparence et j'en fait partie. En plus, j'ai toujours été pour l'égalité entre hommes et femmes. Longtemps ce n'était pas le cas du tout. Mais j'ai fini par découvrir la puissance de l'esprit et du renoncement, par intérêt et pratique uniquement. Pas par les livres. Sans pratique on ne peut pas comprendre. La valeur de l'esprit est inépuisable et reste inexplorée en grande partie.

Moi je trouve normal d'avoir les mêmes pratiques que les hommes car en fait il n'y a pas de genre chez les sadhus, seulement dans la société. Le seul problème est que vu l'esprit dépravé de certains hommes, les femmes doivent s'habiller. Personnellement, je ne vois pas en quoi le corps d'un homme n'est pas aussi excitant et tentant que le corps d'une femme. Je ne vois pas pourquoi ils peuvent être complètement nus recouvert de cendres et pas les femmes. Il y a des tribus ethniques où le corps des femmes n'est caché qu'à partir de la ceinture. La signification de la nudité dans notre communauté n'est pas une exhibition mais une pensée profonde qui s'exprime par : le corps est mortel et mortifié dans les cendres, seule l'âme reste, seul mon esprit existe encore et il est tourné vers le Divin. Nous les sadhus, ne craignons pas le froid ni le chaud, la peine, la joie, la tristesse nous indiffèrent. Nous sommes toujours heureux. Cela est véridique, à condition que l'on reste intègre à nos pratiques et/ou l'esprit tourné vers Dieu. Les saints et sadhus qui sont tristes sont ceux qui n'ont pas encore réaliser leur véritable identité, ont l'esprit dans le matériel et dans les mauvaises expériences passées ou les désirs non assouvis. De ce fait, il y a des obstacles, des jalousies, de la compétition et des secrets. Les secrets sont nécessaires mais le reste est de l'enfantillage. Avoir renoncer au Monde implique avoir une nouvelle naissance, de ce fait on se sent repartir de rien et comme un enfant innocent. Il faut bien compter 25 ans après l'initiation pour atteindre toute la maturité. A ce jour, je n'ai pas tout à fait 12 ans. Mon corps a 60 ans mais pas mon esprit donc le vieillissement de mon corps est ralenti par cette énergie fraîche de l'esprit.

Nous les sadhus n'avons pas du tout un esprit ordinaire, une vie ordinaire. Nous ne sommes plus des gens ordinaires. Toute personne pratiquant une discipline spirituelle en long en large et en profondeur, en porte les fruits. L'esprit change. On est ou devient heureux.

Tout d'abord on découvre notre vrai soi et à vivre en accord avec. Ensuite et en même temps on se rapproche de Dieu.

D'ailleurs il y a 4 temples là dans cet endroit où je vivais. Le principal étant dédié à Mahadev, un petit temple dédié à Hanuman (le Dieu Singe), un petit temple dédié à Bhairavnath (le protecteur de la grande déesse) puis un temple dédié à la Déesse et enfin celui dédié à un saint qui vivait là et avait demandé la construction de ces temples après avoir chanté le nom de Hari et Krishna pendant un mois non-stop.

On est fin décembre 2014, il commence à faire froid mais je décide de ne pas allumer de feu le soir pour me réchauffer. Si je ne supporte pas le froid 0° la nuit, je mets ma grosse couverture de laine que j'ai acheté au bazar de Bageshwar sur moi. Depuis gamine je n'ai pas l'habitude d'avoir de chauffage dans la chambre et ne le supporte pas bien, d'ailleurs.

J'utilise, le matin, le Dhooni pour faire des offrandes d'encens au feu et répéter des mantras. Le Dhooni est une encave dans le sol dont le corps principal est en terre battue et traditionnellement toute la pièce recouverte de terre mélangée avec de la bouse de vache pour purifier. Cet endroit est réservé aux pratiques des sadhus uniquement. Sans Sadhu il est interdit de s'asseoir autour. Un dhooni a la même valeur qu'un temple. Il est dédié au Dieu du Feu. Le Sadhu l'utilise pour rester pur mais aussi pour maintenir son corps chaud pendant les temps où il reste assis à répéter des mantras, en hiver. L'énergie dégagée est spéciale. Au début, je m'y assois de plus en plus et reçoit donc l'effet et comprend pourquoi beaucoup de sadhus s'y assois. Notre esprit devient stable et concentré. On a plus envie de bouger. Après plus d'un trois ans, j'espace les visites dans cette pièce car j'ai besoin de bouger pour mon visa et ça me pèse de le faire. Je l'utilise avant, pendant et après Mahashivaratri, la plus grande fête hindoue. Ce jour-là est encore en hiver mais justement je fais pénitence pour marquer le coup. Après la douche, un sceau et un mug, j'applique les cendres du dhooni sur tout le corps et porte juste une pièce de coton en guise de vêtement. Beaucoup de dévots, des environs proches et lointains, presque 1000 personnes défilent du matin au soir 5h pour faire les rituels de prière et chanter. Tous viennent me voir pour me donner des offrandes (argent, nourriture, huile, lait, yaourt et ghee de la ferme ainsi que sucre, farine et légumes). C'est le jour des plus grandes donations et où il y a le plus de monde. Avant et après Mahashivaratri (fête dédiée à Shiva) il n'y a souvent personne qui vient. Ce qui veut dire que les cérémonies religieuses quotidiennes je les fais seule, le nettoyage et l'entretien du lieu aussi, la plupart du temps.

Petit à petit je commence à connaître tous les villageois des 5 villages les plus proches. Ils m'invitent à boire le thé, à manger, ou juste à m'asseoir avec eux. Rapidement une grande sympathie s'installe avec beaucoup d'entre eux. Etant une femme et étrangère, tous et toutes ne m'apprécient pas vraiment mais la grande majorité. Les hommes étant assez ou très machos (surtout les retraités de l'armée) préfèreraient avoir un sadhu homme à ma place. Mais les femmes sont contentes, bien sûr, car elles sont moins à l'aise avec un homme. De toute façon, ce sont les femmes, la plupart du temps qui viennent aux temples.

Dans le monde entier il y a beaucoup de compétitions, de jalousies, dans notre communautéégalement ainsi que des secrets.C'est une société dans la Société. Tant que, au moins deux hommes ou deux femmes ou un homme et une femme sont en interactions de quelque nature que ce soit c'est à travers les codes de société. L'Homme ne connaît rien d'autre jusqu'à ce qu'il ait passé quelque temps seul, isolé de tous pendant des heures voir des jours. Dans le cadre d'une journée spirituelle c'est l'idéal, d'être seul. Cela demande du recueillement, de l'auto analyse, des efforts constants même quand on croit que le but est atteint. C'est alors une attitude de toute une vie. La plupart du temps le chemin prend des virages à droite et à gauche. La route est rarement droite car l'ère n'est pas propice à cela. On vit dans une ère où les désirs et les réjouissements divers sont les plus nombreux et importants. Jouir de tous les plaisirs matériels est plus dans l'esprit de la majorité des gens dans la société moderne.

La première fois que je reçois la visite des singes, je suis remplie de joies. J'avais déjà été en contact quotidien avec une grande famille de cette espèce dans le Sud de l'Inde, dans le Karnataka. Là-bas j'avais une relation affective et tendre avec certains jeunes mais ils étaient moins sauvages et peureux que dans cette jungle. Il me faudra longtemps pour les éduquer et les rassurer sur le fait que je suis leur amie car tous les villageois les chassent pour qu'ils ne mangent pas dans leur champ ni leur jardin. Petit à petit, ils comprennent.Certains viennent très prés pour prendre à manger de mes mains.Seulement ils montrent des signes d'agressivité. En cas de morsure il faut une injection dans les heures qui viennent donc je me méfie. Je n'aurais jamais la même relation proche qu'avec ceux du Karnataka, dans un de mes ashrams, mais ils sont toujours restés très correct avec moi. Ils savent que je suis leur amie. Les plus jeunes jouent avec moi espièglement, me touchant même les cheveux. Certains mâles, aiment rester sur le toit ou dans les arbres. Mais vu qu'ils ne sont pas la bienvenue dans les champs et aux abords des maisons des villageois, ils restent sauvages.

Un jour l'envie d'avoir un chien me prend. Je me disais qu'il empêcherait les singes de faire des bêtises dans les temples, garderait les lieux la nuit et me ferait une belle compagnie. Après en avoir parlé à mon oncle (spirituel), c'est lui qui m'indique une adresse où la personne est prête à me donner une chienne de 4 mois qu'ils ne veulent pas mais dont ils s'occupent. J'y vais le lendemain, le courant passe tout de suite. Je l'emmène avec moi dans mes bras. On passera des bons moments ensemble mais un jour la vie nous sépara définitivement. J'avais dû aller à 250km de là, à Haridwar, en visite à mon maître spirituel supérieur. Il y avait, en même temps, une fête religieuse à laquelle je voulais participer. Pour ne pas laisser cette petite chienne seule livrée à elle-même, je demande à une famille de dévots de bien vouloir s'en occuper pendant une semaine. Ils ont une grande propriété et d'autres chiens. Ils acceptent mais quand je reviens, plus de chienne. Je sentais que quelque chose de grave c'était passé. Elle avait été renversée par un bus sur la route principale. Il faut savoir que très souvent, dans ma vie, lorsque je suis au point de m'attacher ou suis attachée, Dieu va me séparer des objets et êtres de mon attachement pour me donner une grande leçon. Le message est clair. Les attachements sont temporaires alors que l'âme est éternelle. Ce qui nous attachent matériellement et physiquement nous empêche souvent d'avancer dans notre vrai chemin personnel. L'amour pour les autres nous amène à faire des concessions, des sacrifices et peut nous empêcher de vivre ce que l'on a à vivre vraiment. Ensuite, dans l'absolu, sachant qu'il y a le cycle des vies et des morts, que notre âme non libérée reprend un nouveau corps après notre mort, l'attachement nous empêche d'être libérée. Nous retrouvons toujours les gens, les lieux et tous les êtres auxquels nous étions attachés. Et puis pour être vraiment heureux, c'est-à-dire, ne pas connaître les hauts et les bas entre joies et peines, il faut apprendre à être indifférent et détachés dans l'Amour divin. C'est toute une philosophie, tout un apprentissage. C'est la philosophie bouddhiste et hindouiste.

Par pratique, je sais que cela fonctionne et que c'est une vérité absolue. Mais la nature de l'Homme ordinaire fait que nous nous attachons. Seulement cela se travaille. L'étude de la Bhagvat Gita qui est traduite dans toutes les langues aide à comprendre tout cela et bien plus. C'est un trésor d'enseignement.

Dieu m'a enlevé cette chienne avant que je m'attache.

Aussi, il est dit que les sadhus ont le pouvoir de bénir tout et tous. Par conséquent, un animal sous la protection d'un Sadhu qui perd la vie, son âme bénie aura une vie d'humain, homme ou femme. Une âme bénie s'élève.

Quelques temps plus tard, j'entreprend de ramener du grillage de la ville. Je me dis qu'il faut fermer l'accès de l'intérieur des temples aux singes afin de ne pas avoir de leurs excréments, un peu partout. Cela me ferait moins à nettoyer. La tâche n'est pas si compliquée et j'ai tout le matériel, grillage, pince coupante, fil de fer pour fixer aux portes et fenêtres. Après cela, il n'y a plus que les souris et les rats qui peuvent accéder. Il faut aussi nettoyer leurs crottes mais c'est plus facile. Je précise que je suis seule à tout nettoyer à part de rares fois où quelqu'un viendra m'aider. Les villageois sont tous très occupés entre leurs champs et autre job. J'aime m'occuper de cet endroit. Les premières années, tout est bien entretenu. Puis, au bout de 4 ans, à tout faire seule, je me lasse. Je demande de l'aide mais n'en obtient que peu. Etant donné que je suis une femme et que les femmes en Inde ont toutes beaucoup de travail pour la plupart, ils se disent que je peux le faire. C'est vrai puisque je l'ai fait mais je commence à manquer de motivation. Si plus de personnes venaient régulièrement ça aurait été différent mais d'année en année, ils ont toutes les excuses pour venir de moins en moins fréquemment. C'est tout de même un endroit public qui leur appartient plus qu'à moi.

Je continue à nettoyer le principal mais laisse des travaux en suspend comme la moitié du désherbage. Ça fait du pâturage pour les boucs, chèvres et vaches qui viennent parfois. Il y a bien d'autres choses à faire comme collecter et rapporter de l'eau potable 500m aller 500m retour. Il faut couper des arbustes. Chercher du petit bois et visiter les villageois me prend aussi beaucoup de temps. Si je ne vais pas les voir ils ne sont pas contents. Ils se plaignent. A chaque visite je reçois des vivres. Ils ne manquent jamais de me donner des gourmandises quand ils cuisinent des petit gâteaux sucrés ou salés.

Je m'accorde des plages de temps pour étudier des psaumes en sanskrit, répéter des mantras et méditer. Je ne fais, toujours, qu'un repas par jour. Cela fait partie des règles que je me suis imposées. Et puis pourquoi faire 3 repas par jour quand on estime ne pas en avoir besoin ? S'il m'arrive de ressentir un manque de nourriture, je bois un grand verre d'eau chaude avec du lait en poudre et du sucre de canne. Cette attitude face à la nourriture n'a pas d'autre but que de connaître la puissance de mes pratiques spirituelles, à savoir, en premier lieu, la répétition de mon mantra principal. Il y a les théories et sans pratiques on ne peut, bien sûr, pas les vérifier. Ce mantra est puissant. Je n'en dirais pas plus. Ceux qui veulent en connaître la puissance doivent prendre un maître spirituel qui l'a, lui-même, pratiqué. Les mantras, pour être efficace en totalité, sont transmis selon un rituel bien particulier. Dans la vie de saddhu, rien ne se fait sans en mesurer les conséquences et les bénéfices. Nous sommes des gens sérieux. Sans croyance, sérieux et détermination, nous n'obtenons rien. Cela ne sert même pas d'essayer. D'ailleurs, on ne peut même pas avoir de maître spirituel, au propre sens du terme. On en obtiendra un, éventuellement, qui sera faux et juste en quête d'enrichissement financier. Cela continue d'exister. Il n'y a que lorsque l'élève est sérieux que Dieu lui fournit le Guide et la guidance nécessaire.

Pendant tout le temps passé dans cet endroit de jungle indienne au pieds de l'Himalaya, je n'ai pris qu'un repas complet par jour. Sauf en cas d'invitation, dans ce cas je faisais à manger pour les chiens et prenait une collation mais pas un vrai repas complet. Cela ne veut pas dire que je suis restée maigre. Malheureusement non, car il y a des invitations de villageois dévots à honorer. La nourriture qu'ils préparent pour les jours de fêtes et de grands rituels est riche en calories. La plupart ont beaucoup de tâches physiques à accomplir, en tant que paysans, donc ils les brûlent, eux, moi, j'ai plus de mal parfois. Cela explique pourquoi beaucoup de prêtres et personnes de ma communauté sont bien en chair voir gras. J'essaye de me maintenir en dessous de 62kg. Pour ma taille, mon ossature, ma musculature, c'est mon poids idéal. Moi plus je suis maigre, plus je me sens bien car mon corps est léger sur mes articulations. Avec l'âge, les hormones nous jouent des tours plus que jamais donc il faut vraiment faire attention à ne pas prendre trop de poids. Ce n'est pas seulement une question d'esthétisme, c'est plus une question de santé, en fait. Nous, yogis, on fait attention, un minimum à notre santé pour pouvoir faire tout ce que l'on a à faire sans encombre. S'asseoir, en tailleur, pendant des heures fait partie de notre quotidien. Comment le faire si on a des douleurs dans les jambes ? Les douleurs dans les jambes ne sont pas uniquement dues à une mauvaise circulation lymphatique et du sang mais aussi à des amas de graisses. Les indiens ont l'habitude depuis l'enfance de s'asseoir en tailleur. Mais malgré cela, bons nombres ne peuvent pas tenir très longtemps. C'est d'ailleurs pour cela, qu'il y a plusieurs « asanas » positions. Pour méditer on n'a pas besoin, exclusivement, de s'asseoir en tailleur. Cependant, pour revenir sur ma propre expérience, je finis par trouver un traitement par le yoga. En pratiquant, tous les jours, mes jambes deviennent moins « lourdes » puis légères. Pendant tout ce temps passé dans cette jungle, le but était de devenir un bon yogi. Celui qui est déterminé à obtenir un résultat, atteindre un but par la persévérance, il réussit. Cet adage est valable pour n'importe quel but, n'importe quel résultat. Dans le sens négatif aussi, ceux qui sont en mode auto destruction réussiront également.

Au début il faut faire beaucoup d'efforts, suivre les règles, une discipline et ensuite tout se fait automatiquement.

J'ai, bien sûr, plein d'anecdotes à raconter. Il s'est passé plein de choses, ordinaires et pas, pendant mon séjour dans la jungle.

La première fois que j'ai dû allumer un feu de bois pour faire à manger. Bizarrement, cela c'était plutôt bien passé pour quelqu'un qui n'a pas l'habitude. J'ai beaucoup observé les autres, il faut dire. Laver le linge à la main sans eau chaude, j'y étais largement préparée dés mon séjour dans le sud de l'Inde. Avant d'aller dans « ma » jungle, j'ai vécu 7 ans, depuis janvier 2006 en Inde, dans le sud, en premier. J'étais venu pour chercher des fournisseurs pour mes créations de mode et pour revendre. Mais lorsque je suis rentré dans un temple hindou, pour la première fois, il s'est passé quelque chose dans mon âme. J'avais eu des frissons dans le corps, les poils des bras hérissés et beaucoup d'émotions. Plus tard, en relatant les faits avec des gens très éduqués spirituellement et ayant l'âme élevée, il m'a été confirmé ce que je ressentais en moi, qu'une de mes vies antérieures, si pas plusieurs, a eu lieu en Inde. On me l'a dit plusieurs fois.

Cela explique, je pense, que mon adaptation à la vie indienne, c'est fait presque immédiatement, sans souci. Disons que très vite j'ai pu laisser tomber les habitudes acquises en Europe, complètement inutile dans la campagne reculée en Inde. Plus je restais en Inde et plus j'avais envie d'y rester alors que j'ai vu des personnes très contente de rentrer chez eux, des personnes sensibles choquées par la misère, des personnes choquées par le manque d'hygiène et des personnes qui n'ont pas pu aller plus loin que leur hôtel de luxe. Si on a une quête spirituelle, c'est le coin du monde le mieux placé, c'est le pays où le yoga a pris naissance. C'est le pays où la spiritualité est visible à chaque coin de rue. Les gens sont chaleureux, accueillants et ont l'esprit très ouvert. C'est encore et toujours le pays de Dieu. C'est aussi le pays du festival quotidien, en permanence, des couleurs. Il fait très bon y vivre, loin du gros stress de la vie moderne.

Comment ai-je pu vivre seule, éloignée de tout, dans un endroit magnifique mais dangereux pour bien des raisons ?

Au début il n'y avait même pas d'électricité pendant deux jours. C'était le début de l'hiver, il fallait que je me lave à l'eau froide. Quand on n'a pas l'habitude sauf là où il fait très chaud, c'est un exercice d'adaptation. Je me lavais le corps avec une serviette toute fine comme il y en a sur le marché, en Inde et je m'essuyais avec une autre. Pas plus compliqué. Il fallait encore supporter l'air froid. Il y avait une petite salle de bain de 1.5m2. Pas d'eau courante. Il fallait remplir un sceau avec l'eau de la rivière. Il y a (l'endroit existe toujours) une arrivée d'eau propre du haut de la colline mais vu qu'elle vient d'un grand réservoir qui sert aussi à arroser les champs en cas de chaleur sur plusieurs jours, il n'y en avait plus pour moi, souvent. D'ailleurs suite à des travaux de voierie, la ligne avait été sectionné et pendant deux ans je n'étais plus du tout approvisionnée en eau propre. Pour boire et pour faire à manger, je cherchais l'eau 600m plus loin avec deux bidons de 3 litres. Là-bas il y avait l'eau de source qui coulait sans arrêt. Certaines personnes s'y lave où lave leur linge.

Pour cuire, au début j'avais un petit réchaud électrique que je pouvais utiliser quand il y avait l'électricité. En Inde il y a régulièrement des coupures. Puis assez vite, ce vieux réchaud m'avait lâché, donc je n'avais que la solution de cuire au feu de bois. J'aime l'odeur du bois. Par contre, j'avais décidé de ne pas utiliser ni chauffage électrique, ni au bois. Quand il faisait très froid, en dessous de 0 degré, je m'habillais plus et j'allais vite sous la couverture au lit. Le moment le plus difficile était le matin. Sortir de sous la couverture chaude. Se déshabiller pour se laver. Et assurer les offices religieux dans les temples, avant 7h le matin, avec le froid qui glaçait les mains et les pieds. Mais le moment le plus appréciable de la matinée était le réconfort de faire un peu de thé au lait avec soit de la poudre de lait soit du lait de vache (rare) soit du lait liquide en paquet acheté la veille, et le boire assis au soleil. La chaleur des premiers rayons de soleil était un vrai moment de bonheur. Ensuite, je restais assise au soleil jusque vers 10h, le matin, puis de nouveau l'après-midi. Tout le monde vit sous le soleil en hiver dans l'Himalaya. C'est l'avantage du climat en Inde, il fait soleil toute l'année à de rares moments, même pendant la période des pluies. Mais les jours où il pleut en Hiver c'est le pire qu'il me fallait supporter au niveau rudesse du climat. Je m'étais habituée très vite au manque de facilité, eau et électricité.

Dés les premiers jours, dans cette région, je me délecter avec les yeux de la beauté de la Nature, de la faune et de la flore. En fait, c'était mon petit paradis car il y a deux rivières et la montagne. Il y a aussi des manguiers, goyaviers, bananiers et arbre à petites baies. J'attendais toujours avec plaisir la saison. Pour les mangues, juin, juillet, début août, pour les goyaves, octobre, novembre, pour les bananes les singes avaient cassé les arbres donc j'attendais patiemment qu'ils deviennent grand et costaud (4 ans) et pour les petites baies c'est mai pour certaines et novembre pour d'autres.

Régulièrement je plantais des graines d'œillets d'Inde, très utilisés comme offrande dans les temples. Un fois, j'avais poussé l'audace de planter des graines de romarin, ramenées de France, introuvable en Inde et elles avaient poussées pour mon grand plaisir à fin d'assaisonner les plats. J'aime beaucoup cuisiner. Un de mes menus préférés était pomme de terre, boulettes de soja avec une tomate pour le jus et plein d'épices, avec du riz ou des pains plats indiens. Sinon, pendant la saison, au printemps, je mangeais beaucoup de légumes verts. Je m'étais fixé un seul repas complet par jour. Mon but était de voir la puissance de mon « Mantra » qui est censé donner énormément d'énergie. Si mon estomac était régulièrement encombré de nourriture je ne vois pas comment je pouvais mesurer l'ampleur des bénéfices de ce « mantra ». Tenu secret.

Au bout de 4/5 mois je commençais à en ressentir tous les effets mais je n'étais pas encore au bout de mes surprises.

Je m'accordais des petites plages de méditations dans la journée. Sinon je m'endormais toujours en méditant, toutes les nuits.

J'avais très souvent la visite des singes. Un jour, un singe adulte, d'apparence chétive, malade, vint. Il avait l'air faible. Je lui donnai à manger dans une assiette et il mangea tout. Pareil pendant trois jours de suite. Puis le quatrième jour il ne vint pas mais plus tard je le revis. Il amena toute sa famille. Lui, il se tenait tranquille vers moi.

Ils sont très joueurs et plaisantins les singes. Un jour, un gros mâle a fait peur au chat qui dormais sur le toit. Oui, j'avais un chat. Un soir, j'allais dans ma chambre pour me mettre sous la couverture. Il commençait à faire nuit. D'un seul coup, à côté du temple de la Déesse, je vis une ombre et entendit un miaulement. Je l'appelais pour lui donner à manger. Il mangea et repartit. Pareil quelques jours plus tard. Puis le lendemain il vint le matin, passa toute la journée avec moi et se laissa caresser. Pussy, je le nommais. Il resta avec moi plus de deux ans. Il était assez vieux et un peu malade des intestins. Il faut dire que les animaux, chiens, chats, singes aussi qui boivent l'eau de la rivière ou des flaques d'eau et mangent dans les détritus sont souvent malades.

J'avais une chambre assez spacieuse mais très simple. Les premiers mois je dormais parterre, par habitude, malgré le lit. Puis un jour, alors que j'étais assise au sol, une espèce de grosse chenille à longues pattes marchait devant moi. Elle était d'une taille plus grande que la normale et d'instinct je me méfiait de ne pas la toucher. J'avais bien fait car après en avoir parlé avec un ami prêtre, il me disait qu'ils sont venimeux. En fait, il y a plusieurs petites bêtes venimeuses : les grosses araignées, les petits scorpions, certains frelons et les serpents (essentiellement des cobras). Et parmi la faune la plus dangereuse, les léopards qui cherchent à manger dés la tombée de la nuit dans les villages.

En été, il y a encore 15/20 ans en arrière, pratiquement tout le monde dormait dehors, devant chez soi ou sur le toit. Aujourd'hui tout le monde a peur et pour cause. Il est bien connu que les léopards sont les quadripèdes les plus rapides au monde. Ils sont très agiles, grimpent aux arbres et sont silencieux. Dans les campagnes, de l'Himalaya, les léopards ont fait beaucoup de dégâts et ils continuent à en faire. Ils sont très redoutés. En Inde, la population et les autorités évitent de tuer car c'est un acte mal vu pour les hindoues qui aiment et respectent la nature le plus possible. Du moins pour ceux qui sont bien éduqués. Il n'y a pas de chasseur comme en Occident. Ce n'est vraiment qu'en cas de danger que les forces spéciales vont tirer sur un animal.

Il m'arrivait souvent de prier que je ne me retrouve pas nez à nez avec un léopard la nuit. Mais malgré tout, je n'abandonne pas cet endroit. Je devais vaincre ma peur et ça marchait plutôt bien.

Ma première rencontre avec un animal nuisible était avec un cobra. Je savais qu'il y a en un qui vit à cet endroit. Il se cache dans les murs de pierre tout l'hiver. Il ne sort que lorsqu'il fait chaud. Et un jour, j'enlevais les mauvaises herbes et je vois un peu au loin son corps. Enfin c'est ce que je croyais sur le moment mais, en fait, c'était sa vieille peau. Il avait mué. Vu la grosseur de la mue, je n'étais pas rassurée. Quelques jours, notre rencontre se fit. Il se dressa devant moi lorsqu'il eu conscience de ma présence mais comme j'étais passive et même admirative de sa beauté, il partit. Ils n'attaquent pas sans raison. On peut en rencontrer n'importe où en été, par là-bas. Il faut faire attention où on met les pieds

Un jour alors que je lavais le linge dans la rivière, un gros singe mâle, dont il faut se méfier, se trouve surpris devant moi. Ils sont craintifs car pas les bienvenus chez les paysans. Du coup ils sont sur la défensive et leur réaction est faite pour essayer d'impressionner. Ils montrent les dents. Pareil, je reste passive et il passe son chemin. Cela m'arrivera plusieurs fois avec les gros singes car ils sont nombreux et viennent pratiquement tous les jours.

D'ailleurs, pour éviter qu'ils fassent des saletés et des dégâts dans les temples, je décide de fermer toutes les ouvertures avec du grillage fin. J'aime bricoler donc je m'y étais attelée moi-même.

Il y avait une chose qui me semblait importante à faire aussi pour maintenir cet endroit en sécurité. Les bâtiments sont surélevés par rapport au niveau de la rivière mais les bordures et les rambardes qui avaient été installées ont toutes été emportées, par cette rivière, qui pendant la saison des pluies est furieuse. Les eaux triples de volume et la force de sa trajectoire est terrible. Vu que le lit de la rivière est en pente, légère, certes, mais en pente, donc cela suffit à créer des débordements dévastateurs en cas de fortes pluies pendant plusieurs jours. Tous les 10 ans à peu près, il y a des énormes tourbillons qui se jettent sur les rochers, ricochent très haut quand le niveau est quatre fois plus important. La vitesse impressionnante du lit de la rivière à ce moment fait qu'elle emporte tout sur son passage, aux bords des deux rives et même en hauteur. J'ai une amie qui avait fait construire une maison sur le bord du Gange en montagne et une année, en période de mousson, elle a été emportée. Pour vous dire, la puissance du débit du Gange et autres rivières dans les régions de l'Himalaya.

Sachant cela, je jugeais nécessaire de sécuriser le bord où l'arbre sacré, le « Pipal », vieux de 40 ans se trouve. En effet, cet arbre magnifique et sacré, se trouve vraiment au bord de la petite falaise dont la terre est déjà bien affaissée par endroit. La moitié de ses racines est à nu. Pour ce travail, je vais en parler à la Mairie du coin. Quelques jours après il m'envoie quelqu'un pour vérifier. Effectivement il constate les démolitions des anciens murs et bordures et estiment qu'il faut les refaire. Ils y donnèrent du budget et planifièrent les travaux à leur charge avec leurs équipes. Certains villageois croyaient que j'étais une femme riche qui payer tout cela. Non, pas du tout, c'est encore et toujours cette étiquette qui est fausse, d'ailleurs, que tous les étrangers occidentaux sont riches. Je connais une femme qui pour rester en Inde alors que son budget devenait très petit, mais elle voulait aller au bout de son renoncement et sa vie spirituelle, passa plus d'un mois de train en train à vivre comme une nomade. Bien sûr, des gens riches il y en a beaucoup. Ce sont ceux qui ont un travail ou en tout cas des revenus dans leur pays, ils viennent et repartent. Ceux qui adoptent l'Inde alors qu'ils ne sont pas encore à la retraite où qu'ils ont laissé tomber leur travail pour y rester sont pas riches et sont souvent traités de fous dans ce monde très matérialiste. Chez les moines, dans ma communauté ils sont traités de gens qui ont fait le bon choix, qui sont intelligents et courageux. Ceux qui jugent la position sociale par rapport au budget de la personne sont complètement ancrés dans le matérialisme. La spiritualité et le matérialisme sont presque à l'opposé. La spiritualité libère les gens et le matérialisme ancre les gens dans les pièges de l'égo, des désirs, des joies et des peines, du stress, de la colère, de la compétition, de la course infernale et sans fin du confort, du pouvoir d'achat. Dans la spiritualité on appelle cela « les illusions » qui vont toujours avec les désillusions car rien n'est permanent dans le Monde matériel. Même pas ses habitants. Donc on s'accroche à ses illusions comme si elles avaient une valeur primordiale pour être malheureux lorsque l'on y perd. Si on comprend cela on n'est pas touché par la perte. On peut évoluer de façon détachée dans ce monde matériel illusoire et éphémère. Le nombre de disputes déclenchées à cause ou pour des choses très matérielles. On passe à côté de la paix intérieure et du vrai bonheur sans vie spirituelle, uniquement avec l'attachement et les désirs. Un désir non assouvi apporte de la tristesse ou même de la colère. La jalousie et la possessivité apportent de la tristesse et de la colère. Si on prend du recul sur la vie et que l'on observe d'un œil neutre et non impliqué, on comprend que la vie matérielle sans spiritualité est jouissive mais par permanente. Il y a toujours des hauts et des bas. Le succès n'est jamais permanent. Le cycle psychologique de la nature humaine fait qu'il y a des hauts inévitables et des bas tout aussi inévitables. Certains philosophes cultivent la loi du milieu pour ne pas connaître les affres de la fluctuation. Personnellement je cherchais beaucoup plus la paix. La paix par rapport à ma nature passionnée, à mon attachement à la beauté, à mon attirance pour le superficiel. Personnellement j'ai toujours, Dieu merci, eu cette conscience qu'il y a un autre intérêt plus important pour être en paix et dans le bonheur permanent.

Mais revenons à mon quotidien. Tellement de personne m'ont souvent demandé comment je fais, si j'ai peur ou pas ?

Je comprends la consternation de certaines personnes car ce n'est pas un style de vie ordinaire, loin s'en faut. Mais je l'ai choisi, il me plaît et j'ai appris et j'apprends encore des choses précieuses. La chose la plus importante c'est le développement d'une véritable connexion intime avec Dieu. C'est vraiment Lui qui fait tout, en fait. On lui parle, on prie par rapport à nos peurs humaines et il nous écoute, nous soutient, nous prouve son amour. Cet amour est aussi inconditionnel qu'avec un petit enfant ou un animal mais plus fort et plus pur encore. Il n'y a pas plus fort. Il peut juste y avoir des relations sentimentales et affectives similaires avec certaines personnes à condition qu'elles aient toutes les deux cette spiritualité.

En cas de difficultés, j'ai une motivation supplémentaire qui consiste à montrer qu'une femme peut le faire. Lorsqu'aujourd'hui même les hommes de ma communauté choisissent la facilité, arriver à vivre seule dans un endroit isolé où il y a du danger, de l'austérité, loin des facilités dont une étrangère a l'habitude en plus, est un challenge excitant et jouissif à réussir. Je l'ai fait pour moi mais aussi pour montrer que les femmes peuvent le faire.

Les premières nuits, j'écoute beaucoup les bruits puis m'endort au son du cours d'eau de la rivière juste à côté, à 20m de ma chambre. J'insiste sur le fait que le paysage là-bas est paradisiaque pour les gens qui aiment les régions de l'Himalaya. La faune et la flore est spéciale. Il y a des oiseaux rares, de toutes les couleurs. Il y a des manguiers partout, des arbres fruitiers aux fleurs magnifiques, des cotonniers, des bananiers, des citronniers, des baies de toutes les couleurs, des fleurs des champs, des champs à perte de vue, des

rivières, des lacs, et la montagne tout autour
avec de l'herbe, des pins et plus haut des pics
enneigés toute l'année. Je suis allée plusieurs fois
dans les hauteurs. J'ai pu admirer la beauté de
l'Himalaya de prés et de loin. Pour moi, c'est le
plus bel endroit du monde car l'énergie de cette
montagne a un pouvoir calmant en plus. Les
gens qui vivent dans ses régions sont plus calmes
qu'ailleurs. Tout y est beau. Et puis marché en
montagne ça maintient en forme. Le climat
doit être bon à la santé car le taux de longévité
est plus important qu'ailleurs. Pour moi étant
née en Auvergne, en France, j'ai l'habitude des
montagnes mais de moindres altitudes. Le
climat est aussi rude en hiver dans mon
Auvergne natale. Donc, en fait, la difficulté ne
vient pas du climat mais du côté dangereux par
sa faune. Et puis, il faut parler d'un phénomène
de société qui prend de plus en plus d'ampleur
dans toutes ces régions. C'est la consommation
d'alcool. Cela a commencé avec tous les
retraités de l'armée qui ont pris de mauvaises
habitudes, ça c'est répandu et ils ont l'excuse du
froid en hiver. C'est un fléau, du point de vue
financier, santé et répercussion sur les relations
familiales. En tant que Saddhu dans leur
temple, des fois il y avait des femmes du village

qui se plaignaient à moi. Des fois il y avait des accidents du aux morceaux de verres cassés des bouteilles vides sur le chemin ou au bord de la rivière. Deux fois un de mes chiens à eu une coupure à la patte. Un homme a été blessé aussi. Le pire c'est quand il y a violence conjugale à cause de l'alcool ou manque d'argent dans le foyer à cause du prix des bouteilles. Bien sûr, le problème est important pour les familles à budget modeste. Et puis c'est une drogue, une dépendance se crée.

Un soir, j'étais couchée il était déjà 22h environ, quand j'entend du bruit dehors du côté des branches coupées de bois. Je me dis de suite que quelqu'un est là et soit va faire un feu pour se chauffer soit va voler du bois. Je prends un grand bâton en fer dans une main et la machette de l'autre pour montrer ma colère et décourager la personne de rester.

C'était un homme qui avait bu, il ne parlait pas clairement. Il est fréquent qu'ils ne soient pas les bienvenus chez eux quand ils ont trop bu. Il cherchait un endroit pour dormir avant le lever du jour. Seulement cet ashram n'est pas hôtel gratuit pour tous les buveurs du quartier. Je n'avais pas l'intention de le laisser s'installer et le chassa, en colère pour le dérangement causé. Il partit.

Par contre, un autre jour, deux individus vinrent tard le soir faire du bruit devant ma porte et plus rien. Puis aux aurore le lendemain matin, je sus qu'ils avaient dormis sur place. Lorsque j'entendis de nouveau un homme m'appelé et frappé à ma porte j'appela, avec mon téléphone portable, un villageois. Il vint avec un ami muni d'une grande torche. Il ne faisait pas encore jour. Je sortis de la chambre et descendit vers les temples. Dans un des deux situés devant, se trouvait mon brûleur de bois amovible. Tous les murs et la statue étaient noircis par la fumée. Il était visible qu'ils avaient passé la nuit à l'intérieur et pour se réchauffer avait fait du feu. Lorsque je vis les dégâts et l'homme encore présent, mon sang fit un tour dans mes veines. Je brandis une arme mais le villageois me calma. Je ne l'aurais pas tué, bien sûr, mais sûrement donné une leçon. Les autres membres de ma communauté sont tous très fermes pour faire régner l'ordre contre les voleurs et les alcooliques. Et puis pourquoi frappé à la porte de la chambre d'une femme seule en pleine nuit ? Je n'avais pas l'intention de laisser passer cela. Il fallait que je montre d'une part que je suis une femme forte, d'autre part que j'ai du soutien. Quelqu'un appela la police et ils l'embarquèrent. Puis un villageois m'invita chez lui mais je refusais gentiment car ce n'est pas la vie d'un Saddhu. Ce n'est pas parce qu'il y avait eu cet incident que j'allais abandonner l'endroit et changer de style de vie.

Le lendemain mon oncle spirituel vint me rendre visite avec un de ses disciples et me demanda pourquoi je ne l'avais pas appelé. Après lui avoir raconté toute l'histoire qui a eu lieu dans la nuit, il comprit. Je reçu, ce jour-là, plusieurs numéros de téléphone de villageois prêts à intervenir en cas d'urgence.

Pendant une bonne semaine tout le monde en parlait, d'autant plus qu'un article à se sujet avait paru dans la presse locale. Quelqu'un avait jugé utile de le divulguer à la presse locale qui le publia.

Puis la vie reprit son cours normal.

Je recevais beaucoup de légumes de la part des villageois qui ont tous un jardin en plus de leurs champs. Il n'y a que certains hommes machos avec qui la relation est tendue car je leur interdis de pêcher du poisson juste devant les temples. C'est interdit de toute façon mais les plus malins essayent quand même. Certains viennent la nuit. Et puis c'est bien connu que les hommes machos (il y en a beaucoup en Inde) n'aime pas les femmes qui ont de l'autorité ou quelque forme de pouvoir. Mon statut me mettait officiellement dans la position de leur supérieur, par rapport au système des castes et par rapport à mon statut de Saddhu (maitre spirituel pour les non Saddhus). La plupart l'acceptaient très bien mais certains, pas du tout, d'autant plus que j'apprenais à mes dépends que mon oncle spirituel qui pourtant fait partie des eunuques, hommes/femmes, ne respecte pas l'autorité des femmes, lui-même, et surtout pas des étrangères. En fait il ne veut aucune autorité sur ce qu'il considère son territoire. Il est responsable de toute la région et est jaloux de tous ceux dont on fait les éloges. Et il y en a qui font mes éloges. Personne n'est parfait, moi non plus. Enfin en ce qui me concerne je travaille à m'en rapprocher le plus possible par rapport à tout ce que je sais des Sages et des Yogis. Leur état d'esprit, leur attitude, leur façon de vivre, c'est un exemple pour moi.

Ce n'est pas facile, pour l'instant, car je dois mener une sorte de double vie. Tant que j'ai un passeport sur lequel je dois avoir un visa valide pour rester en Inde, je dois voyager et gagner de l'argent. Ce qui veut dire que je ne peux pas aller dans l'austérité autant que je voudrais.

Le fait de m'asseoir dans cet endroit, loin du Monde, des tentations, des distractions, du confort, m'apprend à fixer mon esprit sur mes objectifs. Il y en a plusieurs. Tout d'abord devenir indifférente aux plaisirs physiques et matériels. Gagner de la force mentale et physique. Ne plus ressentir le froid et le chaud, les joies et les peines. Vivre dans l'éther. Atteindre ce niveau de mortification du corps avec l'esprit mergé en Dieu ou dans le néant. But ultime. C'est ça être un vrai Saddhu, un Yogi. Eventuellement développer des pouvoirs psychiques et yogiques si besoin, si Dieu le veut pour aider mon prochain. Cela est dangereux pour l'égo. Au début je ne suis pas prête à accepter quelque pouvoir que ce soit car il y a le danger que l'on se sente important. Il y a tellement à faire pour diminuer notre propre ego ce n'est pas pour le récupérer d'un autre côté. Dans le domaine spirituel nous n'obtenons aucun vrai succès avec notre égo. Il faut d'abord apprendre à le mettre de côté et le diminuer le plus possible car c'est notre plus grand ennemi. Dieu n'aime pas les égos trop importants qui rendent les gens méprisants, vaniteux, fières, prétentieux voire écrasant pour les autres. On peut être content d'avoir réussi quelque chose sans devenir méprisant, vaniteux et ignorer ses proches. Rester humble en toute circonstances est la plus grande des qualités. Cela est possible si on se dit que tout cela est grâce à Dieu et non à soi-même. L'auto-dérision, le service à autrui aident à diminuer notre égo. Mettre les autres en avant à notre propre détriment, aimer son prochain plus que soi-même, aident à devenir humble, non contré sur soi comme le nombril du Monde. Quand on a un métier public et que l'on est reconnu, voire adulé par le public il y a un moment où l'on peut prendre la « grosse tête ». Les gens qui vous apprécient vous mettent sur un piédestal. A vous de faire un travail sur vous-même pour ne pas être insupportablement méprisant, vaniteux et fière. Dites-

Vous que sans public, seulement avec votre talent vous n'êtes rien. Dites-vous que c'est Dieu qui vous a donné ce talent, cette beauté plastique, ce pouvoir d'attraction. Ne blessez personne. Développez l'amour universel platonique.

Quelque soit notre talent, notre succès matériel, notre pouvoir psychique ou physique, il faut reconnaître que c'est Dieu qui nous l'a donné. Que sans lui on n'est rien. Les gens qui se prennent pour le centre du Monde, qui aiment briller en public et se faire remarquer ont ce danger. Il faut toujours se rappeler que c'est l'effet et le pouvoir de Dieu en nous et non nous en isolément. Ou bien que ce soit grâce à nos parents, à nos maîtres, à nos mentors. Les arrivistes ont un souci d'égo. 99% des gens ont un souci d'égo car il se manifeste en quelques secondes alors que tout le reste peut se contrôler assez facilement. C'est pour cette raison que j'insiste sur ce fait. Les gens élevés spirituellement ont travaillé et continuent à le faire pour diminuer leur égo. Il est même possible de l'anéantir par le Yoga en niveau très avancé. C'est-à-dire selon la technique de « Samadhi Yoga ». C'est la méditation profonde. Cela demande une préparation, un entrainement de toute une vie ou plusieurs vies pour y arriver. Il faut ne plus avoir d'actions importantes à accomplir. Il faut avoir renoncé au Monde. Il y a des gens qui croient avoir atteint cet état ultime et en fait n'en ont que l'illusion. Quand on a réussi à atteindre cet état on a plus conscience de son corps, on perd les sensations dans son corps. Ce n'est pas du tout à faire seule comme un jeu. Il faut une initiation, il faut un maître. Ce n'est pas du tout un jeu ou une expérience de l'extrême. On n'a rien à y gagner financièrement, rien à gagner physiquement. On peut devenir fou pour le commun des mortels. C'est pour cela qu'il faut être encadré. Je l'étais et le suis encore. Même s'il suffit d'avoir un seul maître spirituel. J'en ai plusieurs car j'en ai rencontré plusieurs et chacun par rapport à mon étape d'avancement dans ma vie spirituelle.

Pour moi le but d'avoir voulu vivre dans la jungle a été atteint mais j'aime la vie loin de tout pour me ressourcer car je suis une éponge donc j'y vais souvent. Je prévois de refaire un séjour de longue durée dans l'Himalaya.

Et puis tant que l'on est vivant et actif, notre ego est avec nous. Je n'en suis pas dépourvu mais je travaille dessus.

Ma vie dans la jungle, en Inde, se déroule paisiblement la plupart du temps. Il y a eu très peu d'incident pendant ces 7 années passées là-bas, si ce n'est que j'aurais pu mourir. En effet, un jour, je revenais du village, une grande partie du chemin est tellement broussailleux des deux côtés qu'il n'y a que la place pour y mettre les deux pieds sans faux pas car il y a le ravin d'un côté. Ce chemin est d'ailleurs dangereux pendant et après la pluie car jonché de boue donc glissant. Régulièrement on y met de l'herbe dessus, de la paille ou même du sable quand possible. Un jour ce n'était pas la boue qui m'embêtait mais je me retrouve avec un cobra enroulé à la cheville. Oui un cobra. Il traversait de gauche à droite je passais tout droit à ce moment. Nous nous sommes donc retrouvés dans la trajectoire de l'autre tous les deux à la même seconde. Un cobra réagit très vite. Sa position enroulée à ma cheville n'est pas rassurante bien au contraire car d'une part il m'a « repéré » et d'autre part il eula tête libre pour m'attaquer en plantant ses dents dans ma chair et lâcher son venin. Je n'étais pas rassuré du tout mais je restais calme vu le danger. Je décidais de bouger légèrement mon pied de haut en bas pour lui faire comprendre de partir en priant qu'il me laisse. C'est ce qu'il fit. Mais avant que je parte il se tourna sa tête vers moi et me regarda. Bien sûr je partis d'un pas décidé mais sans courir. Puis avant de regagner les temples, je me rappelais que j'avais souvent fait des rituels pour plaire au Dieu des Serpents, peut être qu'il m'a épargné pour cette raison.

Un autre jour, le danger vint de la nourriture. Il y avait dans le riz de tous petits éclats de verre que je n'avais pas vu. En le mangeant je tombe sur un morceau avec mes dents et le crache mais le lendemain matin j'avais du sang dans mes selles et je pense que j'avais été blessé. Grâce à Dieu rien de plus.

Un autre petit incident était un jour où j'étais invité dans un autre temple pour y manger. Je m'y suis rendu avec mon chien, Tiger, un croisé dalmatien. On était inséparable. Il savait se tenir, en général tout le monde l'appréciait. Seulement, au moment des repas, pris assis sur un tapis assis au sol il veut s'asseoir à mes côtés et ça ne se fait pas du tout à se genre de fonction. Il avait fallu le chasser plusieurs fois, le pauvre.

Un autre incident avait eu lieu lors d'une promenade en haut de la colline. Je pris un raccourci sur un petit sentier bien raide mais praticable au début. Seulement avant d'arriver en haut, il y avait un terrain très glissant très raide sans aucune branche ou grosse pierre pour ne se tirer ni même se retenir. J'avais mis au moins 15 mn à franchir 4m car je glissais. J'avais eu peur de tomber. Mais finalement grâce à la force des muscles de mes jambes j'y étais arrivée. Enfin, arrivée au bord de la route mais incapable d'escalader sur la route. Heureusement 2 garçons passaient par là et l'un d'entre eux me tendit la main. Je m'étais dit plus jamais ce genre de raccourci. Il faut dire que j'avais l'habitude de ce genre de terrain, de la montagne en général mais je n'étais plus si jeune. Mes genoux me posent problème parfois. Autrement oui j'avais de l'entraînement depuis longtemps. Pendant les vacances scolaires, j'allais avoir 13 ans en octobre, mes grands-parents m'emmenèrent en Autriche faire de la marche. C'est bien connu qu'il y a des montagnes magnifiques là-bas et assez haute. Juste pour dire.

J'aimais aussi la mer mais j'adore l'Himalaya. En plus là il y a cette rivière magnifique mais terrible pendant la mousson.

La mairie avait entrepris les travaux pour sécuriser l'arbre sacré ainsi que fait construire un mur de 5m de haut tout autour de l'ashram, pour la partie au bord de la rivière. Mon attention avait été attiré par la puissance de cette rivière dès mon arrivée en voyant les reste de petites pièces de ciments par endroit indiquant qu'il y avait eu une rambarde.

Les travaux fut entrepris en 2017 et durèrent une bonne année en tout.

Puis j'eu encore des bébés chiens. Oui j'avais une vie assez bien remplie. Pas uniquement faite d'austérité pure. Mon chien avait repéré deux bébés chiens dans les champs voisins. Ils s'avéraient que c'étaient des femelles. Une rendit l'âme d'un accident vers ses 6 mois et l'autre devint la femme de mon chien. Ils eurent plein de petits. Dans la jungle il est difficile d'attraper une chienne en chaleur et de l'emmener chez le vétérinaire dont le cabinet est loin pour lui faire une injection afin qu'elle ne porte pas. L'option stérilisation n'était pas disponible.Mais après avoir joué le rôle d'assistante accoucheuse deux fois en pleine nuit, puis assistante nounou, puis la méchante qui a donné les petits de 2 mois à des villageois, finalement j'avaisréussi à faire faire une injection à une de ses filles. Ceux que je n'avais pas pu donner ont tous fini dans le ventre des léopards qui rôdent dés la tombée de la nuit à la recherche de la nourriture qu'ils n'ont plus dans leur environnement naturel. De toute façon une des choses que l'on apprend, en Inde, c'est à prendre du recul sur tout, à se détacher pour ne pas être malheureux par rapport à la perte de quelqu'un par la mort car nous sommes une âme immortelle dans cette enveloppe corporelle périssable.

Tout le monde n'est pas yogi mais c'est un apprentissage. La sagesse et la connaissance veulent que l'on se reconnaisse comme étant éphémèrespar notre corps etéternels par notre âme. C'est pour cette raison que dans la vie spirituelle nous travaillons pour avoir une future vie paisible et heureuse par le fruit de nos bonnes actions dans cette vie. Les yogis eux travaillent pour ne plus avoir de réincarnation.

Bien sûr, à l'époque où j'ai dû m'occuper de toute cette famille de chien, j'étais bien occupée. J'aimais me promener avec eux car cela me faisait de l'exercice physique également. On faisait entre 1/2h et 1h de promenade. Je leur faisais du riz avec des légumes secs auxquels j'ajoutais un peu de croquettes pour chien disponible en ville. J'avais le budget de mon travail en France mais aussi des dons que je recevais pour moi et dont je n'avais pas vraiment besoin pour moi-même. Le riz et les légumes secs étaient et sont encore donnés par les fidèles, comme on dit, les villageois si vous préférez.

J'avais choisi une vie très simple qui ne me coûtait pas grand-chose. Mes seules dépenses étaient pour le visa.

D'ailleurs la plupart du temps j'allais au Népal pour faire le break nécessaire par rapport à la réglementation en vigueur sur les visas ou pour le renouveler.

Je ne rentrais en France que tous les 3ans environ.

Deux fois par an il y avait un grand rassemblement pour célébrer les fêtes religieuses principales. Surtout celle appelée « Maha Shivaratri » dédiée à Shiva. Ce jour-là, même s'il faisait très froid ou s'il pleuvait c'était mon jour d'austérité : pas de nourriture avant le soir et un vêtement de coton léger.

Beaucoup de villageois venaient aux temples de tous les alentours. Il y avait un millier de personne. J'étais seule pour tout faire. Les deux dernières années, 2/3 hommes du village le plus proche venaient m'aider à tout nettoyer. Puis la nuit on chantait. Eux ils préparaient à manger et partageaient le repas mais pas moi sauf pour le thé et des fruits. Les premières années j'étais toute seule pour tout nettoyer ça me prenait deux jours.

Encore une fois tout le monde, à part des gosses, est très occupé là-bas car ils ont tous des champs qu'ils cultivent.

Je dois dire que je voulais consacrer plus de temps à mes propres pratiques mais je n'avais pas assez de temps avec toutes les tâches domestiques et d'entretiens du lieu à côté des offices matin et soir dans les temples tous les jours, des visites chez certaines villageois ou les invitations. Des fois j'étais vraiment très occupées. Mais j'adorais vivre là-bas. Je prévois de refaire un séjour prolongé dans l'Himalaya.

Un jour une vieille dame de 90 ans vint me rendre visite. Elle fit l'effort et le chemin sur plus d'un kilomètre aller avec son bâton pour se soutenir. Elle arriva toute essoufflée mais heureuse de me voir. C'était ma grand-mère préférée. J'allais souvent la voir ou on se croisait sur le chemin quand je devais faire un peu de ravitaillement en ville. J'avais de très bons rapports avec beaucoup de gens. Inviter un saddhu chez soi est auspicieux donc on nous invite mais il y a aussi une règle qui consiste à ne pas aller chez quelqu'un qui ne nous respecte pas ou ne nous aime pas. Cela existe, il y a de la discrimination sociale et raciale partout. Et puis faut-il rappeler qu'en Inde le sexisme est plus présent qu'en Occident ? On est aussi confronté au respect ou non de notre statut selon la valeur que l'on donne plus à la vie spirituelle ou matérielle. Un saddhu, quoi qu'il en soit, se doit de ne pas être affecté par le Monde y compris la réaction des gens. C'est tout un état d'esprit de sagesse qui s'apprend et se cultive. Le but étant de vivre en paix totale.

Dans le tourbillon de la vie matérielle ordinaire, en 2024, et encore plus dans le futur on n'est jamais en paix totale. Il y a nos désirs assouvis et pas. Il y a notre course après l'argent nécessaire et superflu. Il y a nos obligations familiales. La chose qui nous perturbera le plus sont nos envies, nos désirs professionnels, désirs d'argent, de célébrité, sexuels. La compétition par rapport à cela. L'ambition d'y arriver coûte que coûte. Les tricheries, les calculs et les mensonges pour y arriver. Si notre destin est ce genre de vie, en accord avec le désir de Dieu, pour l'expérience, tout sera facile pour y arriver. Autrement il faudra beaucoup se battre. Dieu apprécie en premier lieu les efforts que l'on fait pour se rapprocher de lui, vivre dans l'amour et dans la paix. Cela ne veut pas dire qu'il n'aidera pas celui qui veut goûter à toutes les joies éphémères faite de haut et de bas. Il est dit que ma déesse préférée « MahaKali » donne tout ce que ses dévots lui demande à condition qu'ils soient sincères et inoffensifs dans leur poursuite.Par contre, le maître des yogis et le maître spirituel de ceux qui ont renoncés à la vie matérielle n'aidera jamais son disciple à obtenir ce qui est inutile et un obstacle à son but. Il y a des exceptions lorsqu'en cours de route, un saddhu ou un yogi fait une rencontre karmique qu'il doit « régler ». Si cette rencontre est celle d'un couple cela peut tout bousculer sauf si les deux ont le même désir spirituel.

Et oui la vie de moine, saddhu, yogi est belle mais pas sans obstacles, tests qui peuvent s'avérer difficile à surmonter. L'important est qu'il est dit que lorsqu'un certain niveau de spiritualité est atteint, lorsqu'une réelle connexion proche est établie avec Dieu, on ne peut pas tomber « en enfer » (l'ignorance et la souffrance). J'ai peur parfois même si je sais au fond de moi que Dieu est amour et qu'il ne m'abandonnera pas car je suis proche de lui. On reste ses enfants. Peu importe le degré de connaissance, le chemin parcouru, on reste des étudiants et les enfants de Dieu.

Quoi dire encore de ce séjour dans « ma » jungle ? Il y a eu des phénomènes inexplicables et incroyables par un esprit ordinaire. On ne peut pas exprimer en détails nos ressentis, nos expériences car personnes ne peut les comprendre. On nous prendrait et nous prend pour fous. Il n'y a qu'entre nous qu'on se comprend. Les gens qui étudient le Yoga, qui ont lu des histoires de sages et de yogis des siècles derniers ne seront pas surpris si je leur confirme qu'effectivement on vit des choses extraordinaires au sens propre du terme. On vit ce que les âmes élevées vivent. On vit ce que les ermites vivent. On vit ce que les vrais yogis vivent. On vit, je dirais même, ce que toute la lignée des sages vit. Et ceci pour la bonne raison que l'on va dans leurs traces, on essaye vraiment de faire comme eux.

Il faut savoir que ceux qui décident d'aller s'isoler dans un endroit de ce genre sont protégés s'ils sont croyants. Ils auront tout ce dont ils ont besoin. Ceux qui allaient dans les extrêmes il y a plusieurs années en arrière ont tous pu finir leur période d'austérité avec succès. De plus nous vivons dans une ère où la tendance est l'opposée : c'est plutôt de plus en plus les joies matérielles qui comptent avec les avancées technologiques. Ne parlons pas du fléau du portable avec les jeunes surtout mais les moins jeunes aussi qui sont accrocs au net et passent des heures sur leurs écrans. Moi-même j'avais dû m'y mettre pour suivre les règles de visa, la situation du trafic aérien et la fermeture des frontières pendant le confinement durant l'épidémie du Covid 19. Avant cela je regardais des vidéos avec des histoires de Dieux parfois pour apprendre les histoires principales et pouvoir les raconter moi-même. Il faut avancer dans les recherches scientifiques, technologiques et médicales mais le cerveau humain devient dépendant de cet univers d'information à accès facile au lieu de lire ou surtout faire du sport pour la santé. C'est comme pour tout il faut trouver la juste mesure. Et encore une fois il n'y a pas de fléau sans anarchie ou baisse de vigilance dans le système d'éducation institutionnelle et de la famille. Dans une famille où personne ne fume, l'enfant ne fumera pas même si ses potes le font. L'exemple et l'éducation est donc primordiale. C'est une grosse responsabilité. De même, les maîtres spirituels, les prêtres, les saddhus, les yogis ont une grosse part de responsabilité dans l'exemple qu'il donne s'ils dérapent. Ils vont être adulés s'ils sont forts et obstinés dans leur austérité. C'est une vie individuelle. C'est-à-dire qu'on le fait pour soi quand on est prêt à le faire mais les gens nous regardent et nous montrent du doigts. Le monde est ainsi fait. Le fait d'avoir dû m'occuper de tellement de chiens n'avait pas été bien vu par tout le monde. Mais voilà, encore une fois, le monde est ainsi. On peut faire n'importe quoi on sera toujours juger et critiquer. C'est dans la nature humaine de regarder plus le voisin et le critiquer que soi-même. Avant de juger et de critiquer on devrait soi-même être supérieur voire parfait mais personne ne l'est sauf Dieu. Donc personne n'a le droit de nous juger. Dans un cadre légal, il y a des lois, des avocats et des juges. Dans la vie de tous les jours, par rapport à un mode de vie, une couleur de peau, un langage, un métier, des goûts vestimentaires et de loisirs, personne n'a le droit de nous critiquer ou juger. Et pourtant personne n'arrive à être indifférentet à ne regarder que sa route. Tout le monde commente, aime ou aime pas. Les saddhus, nous apprenons à être indifférent, à lâcher prise sur tout, à répandre l'amour.

Nous avons de nombreux tests pour déterminer notre force de résistance aux tentations et de désir d'atteindre le but final. Il arrive aussi qu'avant d'atteindre le but final, on rencontre des gens avec qui on a une dette karmique. Il est possible que l'on ait encore des choses à accomplir. Il est possible que l'on ait des rencontres fortes à faire. Il est dit que si l'on fait une rencontre karmique d'un mari ou d'une femme avec qui notre vie était liée antérieurement à cette vie on va avoir l'occasion de le ou la rencontrer pour l'emmener aussi sur la voie de la libération car on est dans la longue ère « phase de destruction de l'univers » ou il est important de s'élever et de trouver un chemin qui mène à la pureté et à la libération de l'enveloppe charnelle. C'est un chemin fait de croyance. Ce n'est pas un chemin pour les non croyants. C'est le chemin de ceux qui veulent libérer leur âme de tout karma. Ceci pour avoir une vie meilleure dans la compréhension et les turbulences, une vie de joies, une vie de paix. Après avoir atteint cet état de paix, nous n'avons plus à revenir sur Terre sauf si on le souhaite, sauf comme guide.

Vivre seul dans la jungle permet de perdre l'habitude et le stress du mélange social avec toutes les interactions possibles. Petit à petit, on ne regarde que l'essentiel et s'amuse du superficiel. Un saddhu n'attachera jamais d'importance au superficiel et au matériel ni en premier ni en dernier mais il peut arriver qu'il ait à vivre en société au milieu de toutes les tentations de façon détaché. Les plaisirs et les peines deviennent identiques. A la longue il n'en a même plus vraiment conscience.

Une fois qu'un Yogi est sur le vrai chemin et a atteint cet état de vide et de paix, même s'il reste vivant et évolue en société au milieu de tout ce qui peut créer des attachements il trouvera le moyen de ne pas être affecté, perturbé et retournera sur son chemin uniquement à n'importe quel moment si aucun karma ne le retient. Sinon il trouvera le moyen de régler son karma car il est définitivement guidé de l'intérieur.